Gisela Steineckert

Presente

Gisela Steineckert

PRESENTE

Gedichte

Verlag Neues Leben Berlin

für Laura Marie in Liebe

ISBN 3-355-00672-6

2. Auflage, 1989
Lizenz Nr. 303(305/357/89)
LSV 7005
Gesamtgestaltung: Katrin Kampa
Schrift: 11 p Garamond
Gesamtherstellung: Karl-Marx-Werk Pößneck V 15/30
Bestell-Nr. 644 467 8
00750

Aus wilder Wurzel
ohne Vorderfrau
Sand oder Schnee
es trieb mich in das Spurenlose
weit zurück hat es bei den meinen
Absicht fürs Eigene nicht gegeben
mir war jedes Wort ein Bild
Geschichte
Teil eines Liedes
das habe ich erzählt

Bevor du sterben musst

erstickst an dem Wort, das sich einer dir traut
untergehst, wenn das losbricht mit den Tränen
bevor du tot bist vor Verstummtsein
streck eine Hand aus
mach die Augen zu meinetwegen
bleibe sprachlos noch auch dann
aber die Hand streck in die Welt, in der du lebst
einen Laut, von mir aus kaum zu hören
einen Wehlaut
und deine Hand, denn eine Chance braucht es schon
wart ab und halte für möglich, daß du die Berührung eines Blickes
einen Atemzug auf deinen Fingerspitzen spürst
eine vorerst ungenaue Antwort bis in deine Starre dringt
daß jemand nicht losballert, wie gut es dir geht und wo
und wie immerhin du leben darfst
halte für möglich den anderen Atemzug
die andere ausgestreckte Hand, sei's in der Menge
daß jemand sieht, wie es dir geht
daß jemand deinen Klagelaut vernimmt und Erwiderung sucht
ohne zu klagen, ohn' zu belehrn
ohne sich zu versagen
halte mich für möglich, irgendeine oder mich
sende dich aus an mich ohne Begleittext von Vergeblichkeit
in den versehrten, ermüdeten, abgekämpften Kammern
durch die mein Blut fließt
kommt trotz aller Beschwer vor: Wärme und Rot
solange ich nicht sterben muß

Wer an sein Hasenherz nicht glaubt
der wird sein Löwenherz nie kennenlernen
in meiner Brust sind die beiden alte Bekannte
Wer nicht die Güte aufbringt
zu verlassen, wo nicht mehr Liebe ist, noch Sinn,
zu bleiben
der nimmt in Kauf die Grausamkeit
da bist du und denkst dich weg und
träumst dich sonstwohin
und bleibst und bist nichts mehr und hast nichts
mehr
ich fang an, die Abschiede meines Lebens
so großartig zu sehn wie allen Beginn

In dieser Strasse ist es gewesen
neben diesem Zeitungskiosk
neben dem Gemüseladen mit vorwiegend weiß und
rotem Kohl
neben dem Geflügelkonsum fette Gänse, Rehrük-
ken, gelegentlich Fasane
neben dem Schokoladenladen, die Mädchen drin
wie Praliné
dies war der Hausflur, Gründerjahre, stummer Por-
tier
das waren die Treppen und sind so noch heute
die eine Butzenscheibe von Vorkrieg, Jugendstil
das war die Kastanie auf dem Hof, Trost für alles,
was fehlte an Natur
hinter dieser dunkelbraunen Tür, schöne Tischler-
arbeit, Briefklappe, war es
ich hör die Kinder lachen und mich rufen wie da-
mals
da bist du ja endlich, wo warst du, was gibt es zu es-
sen
ich hab aufgeräumt, ich hab ne drei, geh nicht mehr
weg, bleib, bleib
hier stand der Harfentisch aus Esche, fragwürdig
Schinkel
mein Arbeitsplatz neben dem Berliner Fenster, die
Schreibtischlampe
aus Messing mit einem grünen Glasschirm leuch-
tete ab morgens
mein roter Ledersessel, rings geordnet die blauen,
mit Velour bezognen
um einen alten runden dunklen Kartentisch,
konnte man noch die Klappen rausziehn
dort saßen Freunde, und solche, die so schienen
hier hab ich gesessen bei ersten Gesprächen
bei furchtbaren Worten und letzter Veruneini-
gung

aber auch aufgeregt den Auftrag übernehmend, mit
dem ich mich übernahm
aber ich war möglich, es war möglich
manchmal war die Wohnung so voll von Blumen,
für eine jede von uns
Ich bekam damals noch die meisten, naja, neben
der Haustür
war der Blumenladen mit Direktbeziehung vom
Hersteller
das haben wir schon gewußt, daß gar so viel Mühe
dahinter nicht steckte
nichts in meinem Leben war so laut wie die unauf-
hörliche Schönhauser
und das Telefon mit der überlangen Schnur, das
plappernde,
mahnende, ersehnte, mitteilende
durch die Wohnung geschleppt immer in all der
Herzensungeduld
runtergeflogen hundertmal, aber dann war Ver-
zweiflung
und dann klingelte es und der Wohnungsschlüssel
rastete nicht ein
verpaßt, der einzige Anruf, von dem das Leben ab-
hing
auf dem Gasherd hab ich gekocht, für uns, für den
Oktoberklub
manchmal für einen Einzigen, da dauerte es
lange
mein Bett war in Höhe der U-Bahn, unter der tep-
pichlosen Wohnung mit sechs Kindern
meine Nerven sind draufgegangen dort, dennoch
hab ich gelebt einen
unglaublichen Anfang, hab gradegestanden und ge-
lernt, zu sagen Nein
lauschend auf ein männlich prophezeites schreckli-
ches Echo

das ausblieb, ich versagte mich und es blieb aus, ich
sagte meine Meinung
und es blieb aus, ich warf jemanden hinaus und es
blieb aus
hier ging das eine, dann das andere Kind
hier waren wir zuhause, hierhin kehrt die Sehn-
sucht zurück
nach der Zeit, als wir uns liebten und brauchten
ich habe die Straße, das Haus, die Treppe, die
Wohnungstür
die Erinnerung gemieden, ich suche etwas von mir,
das es nicht
mehr gibt
und ihr, Frauen nun, habt es so eilig, erinnert euch
schlecht
achdamals

Was du mit mir noch vorhast, Leben
biet es mir an und laß es mich genießen
mag manche Tür sich noch so heftig schließen
es war der Wind, wir standen unschuldig daneben

Der Tod, sagt man, ist Müdewerden
ein Anflug erst und gleich darauf vergessen
uns ist ein Universum zubemessen
ich kann noch immer los mit durchgehenden Pfer-
den

Wenn du noch etwas vorhast, Leben
gib mir die Lust, es anzunehmen
du lockst in goldne Schuh, die unbequemen
laß mir das weiche Gras zum Barfußgehn daneben

Nachts fliegt alles Ungelebte durch das
spaltbreit geöffnete Fenster
vielleicht vor unsrer Tür
dreht es sich noch einmal um
und macht sich dann sacht davon
gibt uns auf, geht zu andern
die mehr versprechen
nachts werden alle ungesagten Worte
in die Kissen gedacht
auch die Schönheit wird in den Nächten
wiedergeholt
in den Nächten steigt manchmal in mir
die Wut
und wärs nicht so nah bis zum Morgen
sie wüchse sich aus
in was, ich weiß es noch nicht
das ist gut

Dean
einer von Lanzelots Tisch
einer so schön wie ein Gedicht von Rilke
einer so arglos
läßt sich prügeln für seine einfache Wahrheit
läßt sich einsperrn und befreien
Beides wollte er ganz
leben
lieben auf Leben und Tod
hat es geschafft
Leben und Tod
er wollte die Welt verändern
daß er so gegangen ist, hat uns weh getan

Leicht ist es nicht gewesen
gelungen ist es uns
besser, als wir dachten, als wir es jeweils machten
Leicht ist es nicht gewesen
wo wir einander am meisten brauchten
das war, als die Trümmer noch rauchten
das war, als wir beschämt das Brot der abgerissenen
herzgespaltenen Sieger nahmen
als wir Hoffnung aus Wörtern hörten
in all dem wie auf ewig Zerstörten
warn kaum Männer, kein Hand in Hand
die ausgedörrten Leiber der mitschuldigen Weiber
bückten sich, enttrümmerten für einen märchenfernen Anfang
von einem Zuhause träumend statt von Vaterland
Leicht ist es nicht gewesen
in all dem, was Aufbruch war und Umdenken
war das eigene Wägelchen Leben ja mitzulenken
und da, Schwestern, Genossen, flüchtiger oder unvergessener Gefährte
war die Richtung so leicht nicht zu finden
es war, was die meiste Mühe machte und am längsten währte
Leicht ist es nicht gewesen
das Kind an der Hand, nicht genug Verstand
ich hab erst lange danach gelernt
die erste Seite der Zeitung zu lesen
die Seele war von all den Schlägen verbeult
ich hab geschuftet, was mit vorwärts gebracht
und ums eigne Nichtwerdenwolln geheult
In viel zu kurzer Nacht
Ende und Anfang
ringsum und in einem mit all den Ängsten
vorm eigenen Bauch, um etwas wie'n Dach
um einen, der bleibt
mehr als einmal mit der Nase auf der Erde

aber wenn du dich einmischst auf einmal
hast deine Meinung ängstlich-mutig hingeklotzt
wenn du nicht nur dich, sondern gleiches in andern
Gesichtern siehst
aufhörst, daß du dauernd in den dummen ahnungs-
losen Spiegel glotzt
wenn du vor den schlimmen Gedanken der Dun-
kelheit nicht mehr fliehst
leicht ist es nicht gewesen
und war nur fürs erste gut genug, aber
das dritte Kind an der Hand
schon mal Männer mit solidarischem Verstand
noch nicht für Zuhause, da noch nicht
aber schon fürs Rednerpult
Zuhause fehlte was von besondrem Gewicht
der Traum ging nicht auf und verbrauchte Geduld
die Wand hinter mir nicht mehr rauchgeschwärzt
und einer, der nicht oft, aber zärtlicher herzt
leicht, nein leicht ist es nicht gewesen
und gab auch, das hat von den Eignen geschmerzt
und war oft, um es aufzugeben
machte sich kantig, war nicht leicht
aber so war der Anfang eben

Wenn ich komme
setze ich den Fuß vorsichtig
auf eure Erde trete ich nicht bramabarsierend
ich war jung, unwissend, unberührt
hätte gern gewußt
ob ich auf ewig unter die Verlierer gehör
kehr ich dorthin, könnt ich ja tönen
Ich hab in der Wüste dursten gelernt
ich kenne giftige Pilze heraus
ich widerstehe einer Versuchung
ich kann allein sein
ach, alles nicht wahr
aber sagen würde ich das und noch viel mehr
damit es nicht umsonst war, daß ihr an mich glaub-
tet so früh

Aus der Kindheit blieb Sichfügen
aus der Jugend Rest an Gier
aus der Liebe Art zu lügen
sich zu wehren wie ein Tier

Diese ewge Sucht zu glauben
was sich nicht belegen läßt
sich der Hoffnung zu berauben
und dann hält man sie doch fest

Immer weniger zu denken
als zu fühln im Übermaß
brennt das Schiff dann, vorm Versenken
spring ich ins Wasser wie durch Glas

Diesen Satz von mir
hatte ich vergessen
nun kehrt er zurück wie ein Fremdling
erfahren hat er gemacht und ist er geworden
trifft mich an unklug, ist mir damit überlegen
vorlaut hab ich ihn in die Welt gesetzt
nun weiß er was gegen mich
mehr Wahrheit, als ich wahrhaben will
du tust mir weh
bist wahr

Manchmal schon
hab ich Hunger Durst Sehnsucht
ein schmales junges Reh zu sein
gejagt von Versprechungen
mißdeutet und begehrt
Manchmal schon denk ich
nackt, braun, am Strand
wo die Füchse schnüren rings
um die schmale Delle im Sand
wo man dich kenntnislos verehrt
wo ich läge mit nichts beschäftigt
als was und wen ziehe ich an
eine Stunde Zeit für wippende Zehen und Wimpern
Manchmal erinnere ich mich daran
das war in einem andern Leben, Seite vier

Wenn du eintrittst in mein Refugium
hab getrocknete Tränen
wirf kein Netz aus Weh
in diesen besonderen Raum
laß ihn auch verschont von Geflüster, hier hinein keine
Erinnerung an uns
Frida Kahlo, vom Schmerz geprägt und nicht entstellt
gehört als Bildnis an die Wand
Ururschwiegertante Karoline Herschel
wer warst du wirklich, Dienerin dem Bruder, Sternensucherin
Komm, Greta Kuckhoff, wohn bei mir, als Foto und als Herausforderung
meine bohrenden Fragen, wenn sie nicht Zudringlichkeit warn
meine Umarmung beim Gehn, die meisten großen Frauen sind erstaunlich klein
du hast noch eine Arbeit für mich, die Erwiderung, das Wort
Lise Meitner gehört in den Kreis der unklugen Jungfraun
aus denen kluge Frauen werden, nicht waghalsig war sie
Jüdin auf einmal, Physikerin vordem, Wienerin allenfalls
ihr könnt das nicht mehr austragen, Marie Curie und du
was ihr der Welt gegeben, was ihr den Menschen genommen habt
ich hab keine Antwort, das Wissen lag nicht auf der Hand
aber das Drängen, das versteh ich, das Drängen
Wenn du nicht weißt von Frida und der Lise und von der Karoline

dann dräng ich dir eine Frage auf, das wollte ich
die Namen klingen so freundlich nach Garten-
laube, gell
hüte dich, dorthin gelangst du nicht beim Suchen,
eher zu fettem Rauch
Lise Meitner, welch ein Gesicht, die schmalen
Schläfen, ähnelnd
der Olga Benario, ähnlich den Madonnen, aber
nicht Gottes
nur der Maler, die so malten, wie sie lieben wollten
Ich hab kein Refugium, ungestillte Sehnsucht mei-
nes Lebens
hätte ich eins, wenn ich einträte, ich würde mich
ändern
könnte es spürn, all dies gelebte Leben, das mit mir
spricht
Winnie Mandela nun auch gehört in die Stille für
den nötigen Aufbruch
Hätte ich ein Refugium, dann komm nicht herein
oder umarme mich und geh wieder, geh

Ich liebe dich

Wie aber
wenn wir uns verliern im Schlaf oder während wir meinen
noch unabsehbar lebendig zu sein
wie aber
wenn uns der Schlaf anfängt zu fliehn
weil wir zu lange ausharren dort
wo wir nicht finden, was einzig den Atem treibt bis hin
zu einem gütigen Ende, ich liebe dich
wie aber
werde ich gerecht solchem Wort, das sein kann
aus dem Urerwachen des Lebens oder
Fetzen eines Tanzes, den andere
tanzen, eh alle trunken und satt und selig nicht etwa auch
nachhause gehn, um sich nicht zu lieben
ich liebe dich, sieh mich an
Spuren von Umgang tragen unsere Gesichter
auch ich war nicht achtsam genug
ich liebe dich
daß ich Liebende nicht sehn kann, ohne
daß ich an uns denke und traurig werde
weil wir es nicht sind
teure und dumme Verse strömen durch den Sinn
unser Leben reichte nicht aus, sie dir alle zu sagen
ich will den Staub der Nachlässigkeit
fernhalten aus unseren Abenden
wie aus den ernsten Momenten der Behilflichkeit
ich liebe dich
mein Herz ist eine Kerze, du hast sie angezündet
nun wird sie abbrennen, das ist die Liebe
meine Gedanken umgeben dich und holen dich her
ich bin Orfeus und sage dir, blicke zurück
es gibt kein Urteil, das ich anerkenne

niemand löst dich mir auf in Schatten
sie sollen es wagen und durch einen Spruch verja-
gen den
der den Weg gefunden hat
Wenn ich aussähe, wie ich liebe,
Lanzelot bliebe unbemerkt
der hat es mit dem Drachen aufgenommen
ich nehme es auf im Alltag mit dir
und dem bitteren, aufzehrenden, das Geschlecht
manchmal
fast auslöschenden Gefühl, das du gewollt hast
oder nicht gewollt
aber nun ist es lebendig und läßt sich nicht abtrei-
ben
auch wenn es mich zur Unzeit überfällt
wie könnte Unzeit genannt werden, was
ein Lächeln macht aus dem Grinsen
Wenn meine Augen dich sehen
wenn ich meine und deine Finger wärme
dann liebe ich dich
gestern, weißt du, haben wir dieses alte Wort abge-
schafft
heute hole ich es aus dem Wartesaal der ewigen
Dinge
die sich manchmal zurückziehn aus Scham oder
dorthin abgeschoben werden
ich schlage die alten Bücher auf und suche Trost in
Vergleichbarkeit
Ich sehe auch deine Ängste und deine Unberaten-
heit
ich möchte, daß es dir gut geht
magst du mich vergessen im Schlaf
mich vertreiben aus dir, um zu überleben
ich möchte, daß es dir gut geht und lüge dir also
es geht mir gut
ich liebe dich

und möchte dich besitzen
so, wie du mich besitzen kannst, wenn du die Hand legst
auf die schmerzhaft pochende Stelle an meinem Hals
auf der nun so vielbegangenen Straße zwischen
meinem Herzen und meinem Kopf
eine Salzstraße manchmal, wenn es dunkel ist und ich bin sicher
daß du meinen Kummer nicht auch noch auf dich nehmen kannst
ich liebe dich
halbtot vor Angst um dich, scheint mir mein Leben die Angst zu nehmen
vielleicht bleibt es nicht so
vielleicht wird dein Mut nicht reichen
vielleicht wird meine Geduld es sein, die reißt
vielleicht werden alle Worte, die aus mir drängen
sich durch einen Fluch verwandeln in Ungeschicklichkeit
vielleicht tue ich dir weh und kralle mich in dich ein
spiele Kreidekreis mit dir, obwohl ich den Gedanken hasse
ich will, daß es dir gut geht
wie aber könnte ich dich lieben und dich nicht bedrängen
wie aber soll ich dich lieben, als wär nichts
ich liebe dich und sehe, wenn du zurückweichst
nicht weißt, ob man damit zurechtkommen kann für dauernd
wir sind es, wir sind gelandet
ich wollte, ich könnte amen sagen
ich liebe dich

Das Verlorene ist nicht aus der Welt
etwas grüßt dich, ein Name, ein Duft
jemand erzählt etwas
fast wie früher, du fehlst darin
aber so lange du lebst, ist alles möglich
der Zorn schwindet und die Unmöglichkeit
die Dinge kehrn zurück an ihren Ursprung
gehn aus deinem Leben
nicht aus der Welt
alles ist noch immer möglich

Wenn ich noch einmal auf die Welt komme
werde ich sprechen vom ersten Tag an
sage ihnen, ihr habt mich zu warm zugedeckt
ich habe Hunger, obwohl ich nicht dran bin
Spinat vertrage ich nicht, und er schmeckt mir auch
nicht gut
Kommt noch einmal an mein Bett, werde ich sa-
gen
eigentlich ertrage ich es nicht, daß ihr zu zweit
gekuschelt liegt und ich bin solange im Dunkeln al-
lein

Wenn ich noch einmal auf die Welt komme
werde ich sagen, Herr Lehrer, Sie sagen uns das
nicht gut
ich muß die Form des Urdorfes so genau nicht ken-
nen
wie mein Recht darauf, daß Sie nicht langweilig sind
bitte sehn Sie hin, wenn ich nicht mehr denken
kann
und einen Witz brauche, Sauerstoff oder eine
kleine Aufregung
sei es nur, daß Sie etwas so sagen, wie Sie es den-
ken und
Ihre Augen lösen vom Buch
in das ich schon sehen werde mit klopfendem Her-
zen
wenn das Ihre, Herr Lehrer, mich annimmt, wenn
Ihre Augen mich sehn
Aber in den Pausen und nach der Schule werde ich
nicht mehr
über die Jungen lachen mit ihren Zahnspangen und
ihrem Gelärm
wie Schnee aufstiebt, so ist ihr Spotten, aber ich
würde wohl wissen

daß ich mich fürchte, sie könnten später lachen
über mich und also
würde ich nicht lachen über sie

Wenn ich noch einmal auf die Welt komme
werde ich beunruhigend sein wollen, wie ich es bin
aber es wird mich nicht mehr ängstigen, daß ich
hineinwill
in Dinge, die ich dann so nicht lassen kann
ich werde wieder sagen: nehmt mich auf und
meine damit
alles und nicht nur Freunde oder einen gemeinnüt-
zigen Verein
ich werde nicht glauben, daß man eines Tages alles
versteht
und also die Augen zudrücken kann, den Kopf
wegdrehn ob
zu viel Unverständlichkeit
ich würde mir wünschen, daß ich mutiger bin
aber wer ist das schon, vornweg, allein, mit Zwei-
feln

Wenn ich noch einmal auf die Welt komme
werde ich meine erste Liebe ansehn ein Jahr lang
ohne ein Wort
in zweiten Jahr geb ich ihm die Hand und erlaube,
daß wir uns bei Namen nennen
lange Alleen braucht es für diese Art zu Gehn beim
Reden
nach neunzehn Bäumen ist die Welt verändert
aber ich werde meine Vorfreude
genießen, und diese Liebe wissen
bis zum Augenblick
meines Todes

Sie, die ich wieder verliere, weil das Leben so ist
wenn ich noch einmal auf die Welt komme, werde
ich wissen
daß ich so nur ein einziges Mal lieben kann

Wenn ich noch einmal auf die Welt komme
hoffentlich mit viel mehr oder weitaus weniger
Verstand

Kaum hat der Frühling begonnen
trauere ich ihm schon nach
wo seid ihr gewesen, ihr Sonnen
als der Frost unsern Efeu zerbrach

Der hatte sich hochgewunden
am bröckelnden Zement
der Sturm schlug ihm erste Wunden
Eis hat ihn von Erde getrennt

Da sind wir ein bißchen ärmer
so hoch unterm Himmel so kahl
die Nächte sind blauer und wärmer
das Leben, ich spür es, wird schmal

Ich war es, aber die Zeit war es nicht
du warst es, bist anderswo geblieben
nun könnte jeden Tag irgend etwas anfangen
alles könnte sein
rasende Gefühle und eine Welt dagegen
kaum
Gewährung ringsum, Chancen jederzeit
wie fad

Diese Sekunde
als ich nach deiner Hand griff
bescheiden
Sichere Geste gewohnt
hast du sie übersehn
so viele Schritte auf Mondland
wie soll ich zurück

Immer noch klingt es, eine Rote zu sein
als wolle man unverdient studieren
es leichter haben
in der Zeitung stehn
andre bevormunden
sich rausstellen
überheben
einfach besser leben
ich habs mit Unbehagen gesagt, eh ichs war
immer noch steck ich im Versuch
ich will überall schönere Häuser
freundliche Gesichter
Einhalt dem Zuwachs an verständlichem Unmut
ich nehme mir das Recht auf Einwand
und daß ich lache über die spitze Zunge des Volkes
verbunden bin dem Fragenden neben mir
nicht nur dem brüderlichen Rebellen weit fort
dem lebensbedrohten im Aufstand
der unterdrückten Frau, die ihr Haar nicht zeigen darf
hier lebe ich mit, was geschieht
hier, wie ich lebe heute
werde ich arbeiten morgen

Ich bin Name, Beruf, Personenkennzahl
Passant, Teilnehmer, Mitglied, Mieter
bin Einzigartig, Teil der Menge
und tauche auf überall
denn ich war auch in Vietnam, wo ich nie gewesen bin
das ich dennoch kenne
Seine Straße Nummer Eins, Wasserbüffel, Lehmhütten
Herbicide, und das Fahrrad, an dem ich teilhabe
gering genug
Vielleicht doch auch mein Einwand
hat das Letzte verhütet
die Bombardierung in die Steinzeit
die Vernichtung der Deiche
Ich, unfähig zum Gebet außer in letzter Verzweiflung
habe um Romero geweint und gewußt
der seinen Platz einnimmt, wird wieder sterben
wie gering mein Anteil auch scheint
wir, sage ich, können jetzt in El Salvador nicht zurück
und die Priester dort tun recht daran
aus den dunklen Augen der Armen das Gebet nicht zu tilgen
selber Teil der Ärmsten zu sein
das verstümmelte Gesicht meines Bruders aus Nicaragua
ist auch mir aufgegeben
wenn du heimfährst aus den Händen unserer Ärzte, Bruder
mußt du so nicht mehr leben
Was ich geben kann, wo es gebraucht wird
Teil einer Schule, eines Krankenhauses, Serum
Wasser für ein Dorf
Ich bin Name, Beruf, bin vor allem Ich

und werde es nicht los zeitlebens
dieses Grandola Vila Morena
nicht los, dieses Foto, der Überkerl im fremden
überfallenen Land
das Gewehr und dahinter die zärtliche Soldatin als
Siegerin
Ich war auch in der Stunde
der waghalsigsten roten Nelken
auf dem letzten Weg von Neruda
Marcos Ana, noch PRESENTE
Jannis Ritsos, noch PRESENTE
Victor Jara, mehr und mehr PRESENTE
Lumumba, PRESENTE
Winnie Mandela, GEFÄHRLICH PRESENTE
NELSON, meine Vorstellung versagt, woher diese
Kraft
Ich war in Grenada, denn ich habe verstanden
ICH BIN IN NICARAGUA UND DENKE AN
MILLIONEN DOLLAR
noch kann ein Papst seine Hand verweigern
meinem Bruder Ernesto Cardenal
noch rät der Oberhirte zu Leben ohne Aussicht
also Tod
Aber Malangatana malt
Marquez macht uns das Elend in Kolumbien un-
übersehbar
Wole Soyinka schreibt gegen den Aberglauben
Ich bin dabei, wenn der Aufruhr
sich unter dem nicht mehr gesicherten Dach der
Kirche trifft
wenn die Frauen als lebende Nachricht
die engen Gassen mit erhobenem Kopf durch-
schreiten
ICH BIN PRESENTE
wenn aus all dem blutig Niedergeschlagenen auf
einmal

die Söhne und Töchter
nüchtern, kampferfahren bis in die Gene
durch die gefallenen Väter und Mütter
und Ahnen der Ahnen
aufstehn mit jener einenden Vision
Da sind sie, überall! Gegen den Hunger
Gegen die abstellbare Unterdrückung
UNGEHEUER PRESENTE

Glück zum Beispiel
wie grade ich es mir denken könnte
einen auf die Palme in mein Bett
in unvergleichbare Abhängigkeit
nichts als Übereinstimmung
das sage ich und lache mich vorsichtig weg
Ich leiste mir, ein Land zu lieben
in dem das eine, das andere nicht zum Besten steht
ich seh den nächsten Fehler mit Riesengriffel
arbeiten
ich lach mich vorsichtig ran

Wärst da nicht du

dich tapfer aufrappelnd im Alltag
einsichtig meine Erschöpfung
annehmend und aufhebend
wärst da nicht du
der mein Altern aufhält
mit seinem auslöschenden Lachen
wie käm ich dann immer wieder
hinüber in den unfruchtbaren Streifen Sand
von dem aus ich auffliegen kann
wohl treibst du mich um meinetwillen
daß ich nicht wieder verfalle
in den Ersatz Traum
nicht aufgebe
aber manchmal auch sagst du
aufgeben vorübergehend
warum denn verdammt noch mal nicht

Vierzig Jahre haben nicht ausgelöscht
daß ich zu jung war
geliebt zu werden
alt genug, zu lieben
alles Gelebte hat mich geheißen
vor dir zu bestehn
wir sind alt geworden und noch immer
steht mir vor dem Herzen, wie ich dich wollte, du
mich nicht
zu jung tut so weh wie zu alt

Es kommt jetzt nicht mehr an
auf dein oder mein Hergekommensein
die Wurzeln gedeihn und
wickeln sich ein
daß jede überleben kann

Es kommt jetzt nicht mehr an
auf kein oder dein Erstgeborensein
die Wurzel wächst fein und
richtet sich ein
such da nach Frau und Mann

Es kommt jetzt nicht mehr an
auf dein oder mein abhängiger sein
die Wurzeln, sieh hin
welch ein Gespinn
das keiner mehr entwirren kann

Hab dich doch immer geliebt

abschalten sollte sie ihre Anstalten
wenn einer wie er das sagt
umso netter, umso aushäusiger bedienstet
umso pünktlicher, umso unzuverlässiger
Wenn ein Lied aufklang, Verräter
deine hinterhertrauernden Augen
ein Wort, wenn es euch unterkam
da konnte die DOCH IMMER GELIEBTE
aussteigen und zu Fuß gehn
du hängst an deinen verborgenen Abenden
sie ist komplett, sie
hat Anspruch auf ein Feuer ohnegleichen
ich hoffe, dein Fünkchen wird ihr
trotz eurer Dauer, des gemeinsamen Eigentums
trotz ihrer angeschlagenen Würde
wegen zuviel Verzicht und Verzeihn
und trotz und trotz
nicht mehr lange reichen

Hochveredelt

gehe ich, um zu steigern
meine Dankbarkeit an alle
daß ich bin
mich aufbrauche
vorfristig durch den spontanen Entschluß
mein Gewicht um 44 kg zu senken
was mir nehmen wird 26 %
meiner Lust am Leben
mindestens zwei Quirzel, mich anzustrengen
für den herrlichen Augenblick
wo ich endlich Aug in Aug
mit einem Geliebten herumliege
Nougat nach Belieben und Gesprächsstoff
nach Lage, ich selber sein werde, vor einem Kamin
mich erlebend, spürend, mit siebzig

IN DEN STÄDTEN
verkaufen sie an grüngestrichnen Ständen
manchmal auch neben der S-Bahn aus den Händen
die Wiesenblumen und das Strauchgeblüh
die Leute zahlen eilig, ohne groß nachzudenken
tragen die Sträuße in Büros, um sich was zu schen-
ken
auf ihrem Weg in hastiger Früh
das macht die Sehnsucht
aus der Haut zu fahren
in den Himmel von bewachsner Niederung
Leben schabt sich ab in Städtejahren
alle Blumen sind Erwiderung

Werde mir nicht zum Sandsack, Bruder
sonst werfe ich dich aus der Gondel
streue dich ins Meer des Vergessens oder Erinnerns
wo es Wellen schlägt nur, wenn ich kopfüber eintauch
und ruhig liegt, als sei es für den Mond gemacht, eben Meer
oder auch eine Wiese, da wächst Unkraut neben
der seltenen Heilfrucht
Schmachte nicht nach mir aus dem schlechten Gewissen der
Männer, die anzetteln, was sie selber zurückwirft
droh mir nicht mit deiner Fähigkeit zur Schwäche
ich bin schwach nur deinen gütigen Augen
fremden Schatten duckst du eher als mich
das einzige Mittel gegen meine Liebe zu dir bist du

Keins soll sterben voraus

wie denn zwischen angefangenen Sätzen
Liebestun, ungeeintem Streit
überleben, allein
wie denn vom Abend gelangen
in die besänftigende Nacht
Die Gewißheit der Liebe
macht den Tod vorerst unwahrscheinlich
aber aus ihr kommt auch die Angst
gegen die man nichts tun kann
eines dem andern wird sterben voraus

SCHLAF NEBEN MIR,
bis ich vergessnen Mond erwart
der schien mir zwischen Birnbaum und Holunder
schuf mir Gestalten zwischen Scheune und den
Höllen
ein Weiberraub geplant, es kommt kein Wunder
sonst würden ja im Dorf die Hunde bellen

Fürs Hochhausfenster hab ich dicken Stoff genäht
der schließt die frühe Sonne aus und jeden Mond
nur an den Wassern ahn ich, wie's mir geht
daß alle Sehnsucht überhungert in mir wohnt
schlaf neben mir, mein Kind, daß mich der Mond
nicht narrt

Mein braungrüner Stein
liegt noch immer im Bach
auf der Wiese daneben
schlief ich
und wurde durch Kühle wach
ich dachte mir aus
so jung
was der Traum nur irgend faßte
ich weiß in meiner Erinnerung
daß ich nicht liebte, nicht haßte
es war Krieg
Korczak starb mit den Kindern im Gas
als ich dalag und Soldatenbriefe las

Das Kind schläft, nichts kann ihm geschehn
das Kind lacht und redet von seiner ersten Liebe
anhalten die Uhr anhalten so schnell
durfte die Zeit nicht vergehn

Der Luftballon wiegt sich über der Heizungsluft
wiegt mir eine Illusion wie auf dem Weihnachts-
markt, wie auf
den Sonntagswegen gestern, nein, damals im Tier-
park
würde das Kind sich doch aufdecken, rufen, trin-
ken wolln

das Kind aber steht am Fenster, sieht auf die Stadt
schön von hier oben, sagt das Kind und
setzt sich auf mein Bett, geht auf leichten Sohlen
hört im Dunkeln vom Walkman
die Neuigkeit
Let it be
ist froh, daß wir es nicht rufen

Liebe geht nur, wenn du
so gut lebst wie allein
wenn sprechen und zuhörn die schöne Feier sind
wenn du zehn Seiten hintereinander lesen darfst
ohne daß jemand etwas von dir will
Liebe geht nur ohne das schlechte Gewissen
über Freude, die der andre nicht teilen kann
einen Kummer, der sich nicht in Worte kleidet
Liebe geht nur, wenn du dich mit einer sanften Bewegung
abwenden darfst und da stößt keiner nach
Liebe geht nur ohne Herablassung
das irreführende Wort heißt Toleranz
wenn du willst, magst du dich verändern
ich verändere mich
ich nicht dich und du nicht mich
nur so geht Liebe

Grünäugige Unerschrockene
wie du Schwächeren zugewandt bist
erstaunt, wenn dich einer dafür lobt
den Angstmachern stellst du dich
auch mit obszönen Wörtern
die du mir verlegen zitierst und ich
werd auch verlegen und unterlasse jeden Kommentar
wir denken uns Freude aus für dich
weil du dich anstrengst aus Spaß
aber auch immer für uns
du willst uns strahlen sehn
wir sehen dich strahlen
das Wort stockt mir im Hals
ein Kind noch einmal so zu lieben
legt jedes Wort auf die Schale für Gold

Ich bin fremd hier, Gast

spreche eure Sprache, das ist scheinbar
schöne Stadt, schöner Marktplatz, schöne Speise-
karte
aber ich bin Gast, habe nichts damit zu tun
ich komm aus bestrittenem Land
das kenn ich, da leb ich inmitten
ich treib dort die Dinge gern vor
bin Lobhudlern gern, dort, zerstritten
doch hier, wenn ich einschlaf
fällt Heimweh mich an
scheint zuhaus Arbeit wie ohne Mühe
es geht mir hier gut, oder sagen wir, fast
aber ich komme und gehe als Gast
uns eint, was mit Menschen ich überall teil
es geht mir hier gut, dort bin ich heil

Wenn du hier geboren bist
und wenn du zurechtkommst mit dir
weil du Glück gehabt hast zuhause
sie wollten dich und blieben dabei
sogar, als du da warst und rumgebrüllt hast
und Fehlschichten verursacht und
deine jungen Alten haben durch dich begriffen
daß sie ziemlich wenig begriffen haben von sich außer Verknalltheit
aber sie haben sich durchgefitzt
und deinetwegen andre Schließzeiten, andre Einrichtungen
andre Absprachen durchgesetzt
sogar ne andre Art von dankeschön beim andern für die unerwartet
schon eingekauften Kartoffeln
Sie haben dich geliebt
und durch dich auch den Rausgegriffnen, der ihnen einzigartig vorkam
weil athletisch und blond oder lang dünn schwarz, Bart, Beine, Taille
Stimme. Und dann erst kam der Jammer, daß jeder ein Ich war
und erst mal seins machen wollte
da steht natürlich andres über
das kriegst du alles mit, das checkst du avanti und lernst
es ausspielen paletti, haben sie gedacht, gemerkt und
mußten sich ändern
also wenn du Glück gehabt hast hier
daß da zwei sind, denen du sozusagen blindlings übereignet bist
und sie suchen den Kontakt zur Erzieherin
das Wort kommt dir über die Lippen mit Drei

und sie suchen nach dem Anschluß bei Mathe, „wir kriegen
das Ergebnis raus, aber nicht den Weg“
Junge, das ist übertragbar, das Ergebnis haben wir immer eher
ausgefuchst als den Weg
wenn du fragst, wie das Kind in den Bauch kommt und
sie reden mit dir darüber, daß du's begreifst
ohne Schmetterling und ohne Zoten
aber nehmen sich nicht aus
wenn du ungeprügelt deine kleinen Dinger drehst und sie bei
Abfrage rausrückst
denn irgendwas wird kommen und langweiliger sein als der Anlaß
aber du bist nicht gewöhnt, zu lügen
weil du keine Angst hast
Wenn du dir später wenigstens vorstellen kannst
warum anderswo deinesgleichen rumläuft mit aufgerissenem Hemd
in Kuba oder Südafrika, Nordirland
oder an der Trasse
deine standing ovation neulich kam wie von selber, war kein Schlagertakt
auf einmal hattest du auch die Faust oben
und in deiner Brust war etwas
morgen sage ich denen aber mal, und verdammt, da ist doch noch
mehr drin bei uns in der Bude
wir versuchen es noch mal
Das verblaßt morgen
aber es geht dir nach, denn wie gesagt, du hast Glück gehabt
bist auf die Welt gekommen, an die Brust, in vier Arme

zugegeben, der zweite Vater war eigentlich der
erste
Ausnahmefall, auch eigentlich nicht
ziehst ja selber schon zwei mitgebrachte groß und
weißt trotz
Herzeleid einen von dir in guter Hand
ich sag, du hast Glück, weil
war ein Anfang und du kannst was draus machen
und machst eigentlich mehr, fauler Hund, Groß-
maul
Verschlafer, Rummotzer, als du vor dir selber ein-
gestehst
Die Kleine hat neulich gefragt: Hast du mich lieb?
Da hast du dich sagen hören: Jede Menge, ehrlich
und die Kleine hat gesagt: ich kann dich auch ab
Und dann hat sie einen Teller falln lassen
da seid ihr beim Aufsammeln mit den Köpfen zu-
sammengestoßen
und habt auf der Erde gelegen vor Lachen
als deine Frau reinkam, die Sache überblickte und
sagte
ruhig über ihrem schon ziemlich runden Bauch:
Wer, wenn nicht wieder ihr
Rein zuneigungsmäßig gesehn bin ich
dir gegenüber ziemlich dicke da
oder: life is life
beziehungsweise: es rettet uns kein höhres Wesen
brauchste gar nicht zu lachen und laß dein blödes
waugh

Ich werde dir nicht verzeihn
daß aus dem schönen Entwurf
nicht mehr geworden ist
du durftest bei mir sein
an meinem Tisch in meinem Bett
weil du jung und schutzlos gewesen bist
du hattest die breiteren Schwingen
du hattest die leichteren Füße
ich ließ dich so unvollkommen sein, wie du warst
du hast nie gewußt, wie kostbar das ist
das werde ich dir nicht verzeihn

Komm ich noch einmal nieder zur Erden
schaff ich mir dreizehn Kinder an
da sie mit vierzig erst flügge werden
ist es für die Liebe nie zu spät
erst wenn sie Omi und Opi sind
endet ihre Pubertät
bis dahin sind sie unser liebes Kind

ALS KIND HAT SIE VON DEM EINEN GETRÄUMT
einem andern zulieb die erste Ehe geräumt
kam einer, den hat sie geliebt ohne Rest
er mochte sie auch, doch er legt sich nie fest
dem einen hat sie sich als Last aufgepackt
dem nächsten war sie ausgeliefert, ganz nackt
ein Kind hat sie einem spontan angedreht
das kam auf die Welt, die nun anders nicht geht
nun steht sie erschrocken zum ersten Mal still
und merkt, sie weiß nicht mal
ob sie leben will

Das Töpfchen kocht und kocht
das Abstellwort hab ich besessen
es war einmal, vor langer Zeit
da liebte ich, war Eigentum
ich weiß nur nicht mehr, wessen
in einem Dasein, das hab ich
unglaublich leicht vergessen

Komm

an meine Stirn leg mir deine Stirn
ich bin gekränkt und verletzt
vielleicht kann mich Trost durchdringen
wie leises Singen
von einer
die grade Bäumchen setzt
sie soll nicht fragen, woher es ihr geht
durch ihren verliebten Sinn
sind meine Worte, leben mit ihr
irgendhin

I

Das Meer schlug
meinen erstaunten Blick
zurück
daß die Augen schmerzten
wie ich dies alles vergessen hatte
damals wollte ich immer nur
wiederkehren und wiederfinden
den Sand, die Kälte der Wellen
und jene umfassende Sehnsucht
als ob man hinausschwimmen könnte
und draußen, duftend nach Hering und Paradies
stiege aus den Wellen er
der alles weiß, alles kann, alles entdeckt
wie er aussehen sollte, ist mir verblaßt
ich sehnte mich hier, blieb allein hier
kam wieder
hole mir neue Abfuhr und Abfahrt
im möglichen Schmerz aber steckt auch Freude
so anders als damals ist es nicht

II

Unter dem Mond liegt die Ostsee
wie über Silber wandert der Blick
es wäre mit Händen zu fassen
wenn man nicht nur übernachtet
bleiben könnte, bis der Tage grauer Schlick
sich wieder und wieder so schimmernd wandelt
könnte werden, daß es sich allmählich
wirklich um Silber handelt

Lass mich nicht unbewahrt
es kommen Dunkelheiten
die sich nicht milde breiten
abschüssig geht die Fahrt

Laß mich nicht unbeschützt
ich hab so viel begonnen
noch ist nicht viel gewonnen
was für die Dauer nützt

Laß mich nicht unversehrt
ähnle ich den Gestalten
wo andre Abstand halten
Vorlauf ist bald verzehrt

Misch dich genügend ein
um was wie Sicherheiten
mögen sich andre streiten
laß uns vorläufig sein

Hilf mir, Schwester
schreib mir heute nicht
Lieber, stell die Klingel ab
doch, glaub mir, es ist Ostern und Weihnacht
da darf man sich totstelln
schenk mir eine Tarnkappe
Kind, fall nicht
heute helf ich dir schwer auf
in meinen Ohren gellen die Wörter
einen Teller heißer Suppe
ein Bett, einen Krimi
helft mir drüber
sagt mir gar nichts
die gute Nachricht sogar
bringt mich um

Angesichts meiner angespannten
Abgespanntheit
durch durchgängig überdurchschnittliche Leistungen
habe ich erklärt, es sei Matthäi am Letzten.
Alle gaben zu, ich sähe aus wie Hundertzwanzig
was ich nicht bin.
Ich habe die Freunde abbestellt
und den wichtigsten unter ihnen
gekränkt, vertröstet und überredet.
Nun bin ich sicher
er findet ausgerechnet heute eine
die viel schöner ist.
Das kann er mir nicht mal sagen.
Die Klingel ist durch Watte gebremst
das Telefon schlummert unter den Kissen
wen immer ihr sucht, ich bin es nicht
ich brauche tiefen erholsamen Schlaf.

Freilich, seit fünf Uhr früh liege ich wach wie selten
und bewundere die Langmut der einheimischen Singvögel
unterscheiden kann ich sie nicht
das fällt mir jetzt auf
und auf einmal wird es dringend:
Wann, wenn nicht jetzt, wär Zeit, sie zu lernen.
Und dann die Wolken, darüber auch
müßte man grübeln, wie sie so sind
und ob eine war irgendwo.

Andere Menschen, so weit bin ich jetzt
werden am Sonntag erwartet
vielleicht mit Ungeduld und selbstgebackenem Kuchen

Ich weiß da Leute
die backen Käsetorte ohne Boden
und wissen noch, worüber ich gelacht hab
in einer Zeit, die ist zwei Leben her,
Zu ihnen hinzugehn wär ohne Mühe
im Garten sitzen und so tun
als habe man sich aufgerieben in der Kunst.
Aber ach, sie haben eine Meinung
die auszutreiben oder zu teilen reicht ein Sonntag
nicht.

Blinzelnd such ich den Himmel und sehe, er will
nicht.
Lustlos liege ich in den Armen dieses eroberten Ta-
ges.
Stöbernd durchforsche ich meinen Kopf
nach einer Idee für das Nichtstun
und komme auf jegliche Tätigkeit.
Wortreich befehl ich dem Hirn, träge zu sein
und sich nichts zu denken
was immer ich tue.
Das Hirn antwortet im Versmaß.

Ich befreie die Klingel und entkleide das Telefon
und lauere, Einziger, auf deinen Wortbruch.
Bei deinem Antritt hab ich dir gesagt, du sollst mir
nie glauben.
Nimm mich doch ernst, nur ein einziges Mal
und tu, was du um keinen Preis solltest.
Komm einfach herein und befiehl
dies ist ein Tag wie jeder andre auch
und schon geschieht das Wunder: ich gehorche.

Während ich die Tränen
an seiner Schulter vergoß
so geschickt, daß ich kein Wimpernschwarz hinter-
ließ
aber den Unterschlupf genoß
während er zwischen meinen Schulterblättern
tätschelte wie auf dem Hals von einem großen Roß
hätte ich mich auch schütteln können vor Lachen
weil ich mich fühlte wie ein Spottdrosselchen von
der Marlitt
oder wie ein ungefüger Drachen
Stand ich da in hochhackigen Schuhn
weg damit, kleiner sein, aber unbemerkt war das
nicht zu tun
und ein Bett war da, in dem hatte ich noch nie gele-
gen
ich weinte ihn zum Felsen hoch und lehnte
unscheinbar dagegen
selbst auf nackten Sohlen
war das nie mehr einzuholen
während ich weinte, hab ich dies alles schon ge-
wußt
und dennoch stieß dieses Weinen herauf und
wollte an seine Brust

So winde ihm Girlanden
sonst kommt er dir abhanden
rät die durchgeistigte Brunft
kann eine andre kommen
das bleibt ihm unbenommen
meint taktlos die Vernunft
du müßtest es gut treiben
da möcht er vielleicht bleiben
das meint die ältste Zunft
zeig ihm nur kein Verschenken
mehr List und viel Bedenken
nicht gleich die Unterkunft
das ist mein Spruch, und deiner
hilft auch nicht, es hilft keiner

Vorbei

daß meine Seele im fremden Atemhauch
wie eine Schaukel schwang
vorüber, daß ein Streicheln genügte
wenn Ernst durch das Spielhafte drang
lang her, daß einer die mangelnde Liebe
geschickt mir aus den Ganglien sang
wann wars, daß die Härte mich traf und ich log
als ginge ich leicht und unbeschwert
ihn also und mich selber betrog

Wär ich auf dem blauen Bild von Chagall

jene, die unterm Junizelt
himmlisch ihre Zeit vertut
oder küßt oder sanft unterm Kuß des Geliebten
eine Epoche lang ruht
wär ich jene, die mitten im Himmel schwimmt
mit dem sanftesten Fisch aller Weiten
der alles zuteil wird, so daß sie es nimmt
und lernt, Einem Welten zu breiten
Wär ich auf dem blauen Bild von Chagall
irgend entfernt doch gemeint
gezählt unter sehnsuchtsvoll Männer und Fraun
sinnlicher, als es dem Fremden erscheint
waghalsig würd ich kopfüber mich traun
ganz ich zu sein im unendlichen Blaun
Läg ich auf dem blauen Bild von Chagall
nahe dem singenden Fische bei
wär ich ein Weibkind mit buntem Ball
und endlich unendlich mein denkend frei

Wie du heute wieder hier antanzt
wozu bin ich rumgerannt nach Blumen
eine Orchidee, soll die anduften gegen deinen
Blick
Bruder, du willst mir sagen, daß es wieder nicht
geht
am Wochenende wärst du gern, aber du kannst
nicht
ach, ein ander Weib nicht hält dich ab, hier bei mir
zu liegen
das ist abgehaun mit beiden Kindern, nach knapp
drei Jahren
kein Fluch lastet auf dir und mir
aber du wirst schon Worte finden, um mir unamtli-
chen Tones
mitzuteilen
es wird entweder nichts aus der stillen oder der
Stillen Nacht
mit dem Glas in der Hand
tief in die Augen alles Gute zum Neuen Jahr
Ich habe einen herrlichen Kerl
der ist unabkömmlich und wird es sein bis zu dem
nahen Tag
wo er mich anlächeln wird
aus weißen Kissen mit einer Kanüle in den
Adern
und ich werd heulen, weil ich nichts getan hab als
dastehn
und verstehn und einsehn und nachgeben und das
alles
vor lauter Angst, man sieht ihn zwar fast nie, aber
wenn
er schläft einem zwar ein meistens, kaum daß man
liegt, aber wenn nicht
er redet oft nichts, muffelt das aufwendige Essen in
sich hinein

aber dann guckt er hoch und unterm dünner wer-
denden Haar
über dem manchmal grauen Mund, über den Ma-
genfalten
rechts und links davon sind zwei Augen
das Gütigste, was ich kenne
das ist so blöd, das bringt mich so zum Heulen, das
bringt mich um
diese Augen sehn mich, durch mich hindurch,
wolln mich, wissen
alles und immer bedeuten sie mir, verstehst du
denn nicht
wir müssen da jetzt durch
ja, aber durch, das meint mein Leben, wo denn
findet das statt
ach Mensch, sieh mich nicht so an, warum denn
bist du so, daß
ein andrer nicht in Frage kommt und warum bin
ich nicht so
daß ich aufhöre zu warten auf einen, der das Tor
zum Winterpalais
noch einmal ganz allein aufbrechen will

Es war ein Haus, prachtvoll
mit Logen, Gold und dem Duft
den Seide und Samt hinterlassen
Geraschel, geschnitztes Gestühl
und einer Bühne
auf der berühmte Stimmen erklangen
weckend in der Brust das schöne Gefühl

Der Tod ist nicht umzukehrn
der süße Ton, verstummt, auf ewig hin verklungen
wer will noch all dies Liebesleid besungen
Kameliendamen, Liebchen, König, Ritter
die Lebenden müssen sich wehrn
Brot muß es geben und der Kunst
erhellende Gewitter

Ein Haus, prachtvoll
dem andern nachgestaltet, angeglichen
mit Logen, Gold und dem Duft
den wird die Zeit erst sanft entstehen lassen
Stockt euch der Atem, Sänger, nein
singt um das Leben, um die Menschen zu gewinnen
ihr Fühlen aufzuwecken und ihr Sinnen
und draußen ist ein Dunkel, ist Erinnern ohne Hassen
still ist der Abend, ohn' Gefahr die Luft
Müht euch, seid schön, gebärdet euch groß
Mimen, macht uns stumm
Freude, schöner Götterfunken
Vorfahr aus Elysium

All dies Verzeih und Habverständnis
geht mir nach
all dies gesotten
aus Bitterwurz und scharfem Gewürz
mit dem heißbraunen Namen
geht mir nach
all diese Verdrängnis statt Trauern
all dies kaum Zugelassne
treibt Wucherblumen
all die verlogenen Abschiede
aus der Haustür mit Tränen
laß ich ihn gehn mit seinem Teil Schuld
und den meinen vergeß ich sofort
verdrück mich
mit stapelweise Büchern und Konfekt allein
ins Bett, die Welt ist in Ordnung
verdammt, das geht mir nach

Es war mein Mantel

ich wollte ihn nicht, aber du warst eilig, und ich
fror
meine Haare waren es
windzerzaust, ich wollte nicht raus heute
aber du setzt ja alles durch, was du wichtig findest
ich hatte vergessen, Ohrringe anzulegen
das passiert mir sonst nie, aber wenn man so ge-
hetzt wird
in elegante Schuhchen hätte ich schlüpfen solln
flache Schuhe, du liebe Zeit, wie man da aussieht
nicht man sondern ich
kein Parfüm, kein Lächeln, keine Reserven
ich hatte vergessen, dich zu umarmen
dich zu rühmen, dir zu sagen, daß du gut für mich
bist
statt dessen dieser dämliche Streit um wo wir
demnächst oder nächstes Jahr oder nie hinfahrn
ich will aber nicht in die Berge, dabei solltest du
laufen
grade du
an der See langweile ich mich, na prima
dabei können wir nirgendhin, es ging um nichts
letzten Endes werden wir eilig abbrausen, wo wir
dann sagen
dorthin um keinen Preis nochmal
so stand ich ärmlich da und wartete
zwar auf dich, aber wie schon
da kamen die beiden aus dem Hotel
jung, schön, lachten sich bettwarm an
liebten einander und also jeder sich
ihr Parfüm umflog mich, er sah mich geizig an
ob ich sie nicht streife, ihm was wegatme von ihr
da ging sie, windzerzaust in Hosen

flachen Schuhn ungeschminkt angelehnt
auf dem Weg in die Berge, an die See
in die Grillbar, zurück ins Bett
das ist ein Weg um den Erdball oder ein Schritt
ich hätte tot umfalln müssen, daß du mich so an-
siehst

DEIN UND MEIN FLEISCH IST DURCHWACHSEN
von den Wegen der Sinne
dein und mein Blut fließt geheimnisvoll
träg nebeneinander und trifft sich
mit fremdem Strom unfähig zur Vermischung
Einmal wird sein ein Viereck im Boden
und alle die käsigen Monde
alle die Regen werden uns helfen
daß wir zusammengehn
uns verflechten dem Lebendigen
tröstlich blühend

Schon wieder Winter
früher gabs immer Schnee zum Rodeln
früher gabs schönere Schlitten
früher gabs Erwachsene, die zogen Kinder den
Berg hinauf
he, geh aus dem Haus, nimm dir was mit Kufen
drunter, setz dich drauf
aber nein, wir hüllen
unsre fernheizungsverwöhnten Leiber
in Naturfaser, stecken die Nasen in hohe Kragen
und setzen die Schritte vorsichtig in schlecht ge-
räumten Schnee
früher gabs kein Salz, keine Lauge,
die Bäume sollen leben hoch
Warmwasser kommt aus der Wand, grade noch,
gleich wird es wieder tuten
Kurzschluß
lau außen, lau innen, nehmen wir winters
die Schreckensnachrichten ungeschützt auf, wenn
wir uns nicht
schlau einfriern, uns raushalten, was gehts mich an
ein Überlebenstraining, das nicht hilft
Spaceshuttle oder ein Schuß nach dem Kinobesuch
Lennon, Olof, Mandela vielleicht schon morgen
nüchtern betrachtet müßten sie es tun, heul nicht
Sieh hin, Winnie wird von unserm fernen Zu-
spruch nicht mal
sicher ins Auto geleitet
nein, das alles war nicht umsonst, nein, sie können
nicht mehr alles
sie können es nicht mehr ungesehn und ungestraft
Es geht mir nicht gut, aber ich will lieben
auf ewig und mit aller Angst
ich liefre mich aus, grade jetzt
mit aller Schäbigkeit und der unvermuteten Kraft

die Töchter rudern hilflos und hoffen, wir sitzen
noch mit im Boot
weg mit den ermahnenden Hungergeschichten, her
mit dem Verständnis
Tu es, laß dir die Liebe nicht abtreiben
sonst kommen wir nicht raus aus dem
mittelmäßigen Winter unsrer scheinbar abgeklärten
Herzen
das Gedicht sogar schreit nach der Deutlichkeit
die Freundschaft nach UNBEDINGT
die Solidarität nach Kundigkeit
jetzt müssen wir ehrlich sein
Versuch einzig taut den Schnee
nur so werden die sonderbar gewalttätigen Jahres-
zeiten erträglich

Komm nicht herein
laß meinen Kühlschrank zu
setz dich wenigstens nicht hin
zieh dich wenigstens nicht aus
leg dich wenigstens nicht in mein Bett
benutz wenigstens nicht mein Parfüm
stiehl mir wenigstens nicht auch noch den Schlaf
nach Mitternacht
wärst du doch in der Stunde eures Streites
so elend gewesen
so erbarmungslos dem Einzigen verbunden
nun hat er dich verlassen
wird schon wiederkommen
aber wozu

I

Einsamkeit, das ist ein Wort
wie Zwiebeltunke
wenngleich Zwiebeltunke natürlich kein Wort ist
das sich einer menschlichen Person aufzwingt
wenn die Neubaulichter lila oder rosé angehn
wenn ein Mädchen tief aus der Kehle lacht
und man geht fröstelnd seinem Irgendwieabend
entgegen
nach soviel Lebensaufgabe in der Nähe von Auf-
geben
Du mußt dich noch abschminken
mit der geschmeidigen Bewegung schaffst du viel-
leicht
den Abgang von der Allerweltsaufforderung
„reiß dich gefälligst zusammen"
na gut, die Augen reißen wir zusammen gegen die
Tränen
die Brüste zurück, dieser verdammte Wunsch
nach Berührung
Einsamkeit, das ist ein Wort
aus empfindsamer Prosa
Einsamkeit, das ist ein Stück Asphalt
auf deinem Teller, in deiner Kehle
Die Vorhänge aus Stoff lassen immer
zuviel Leben herein, das alles andere ist
als Einsamkeit, Zwiebeltunke oder
fernsehn

II

EINSAMKEIT IST EIN ENTSCHLUSS

Lauheit ein Zustand, der Schreckliches ermöglicht
einer eine muß mehr ausstellen rausschrein
als den unsäglichen Kompromiß
wer sich jetzt nicht ausliefert seinem Wirklichen
sich nicht widersetzt dem Werbespruch
„mit Irgendwas gehts von allein“
für den beginnt ein Warten mit Ende unabsehbar
gut und böse sind so nicht mehr wirklich
auch für das Eigne ist wahr: Siege sind heute
nicht mehr gegeneinander möglich
der Schmerz kommt aus Schneewind und Über-blick
Schwester, der nicht zu dir eilt, nicht festhält an dir und sich
vor dem leg einen Schal um gegen jene Kälte die
weher tut als alles was vom Himmel kommen kann
mach dir einen Frühling, Tochter, aus dem klaren Wetter Ja und NEIN
hol ihn dir oder vergiß, sonst lebst du dein Viel-leicht
O, es wird Zeit für den Mutreim Herz auf Schmerz

Begib dich aus deiner Tageshülle
all diese grauen Zellen ergeben noch kein Nest
unsre Nützlichkeit ist aufgebraucht
reden wir über uns, berühren wir uns
suchen wir nach keiner Antwort
laß uns schwelgen in Fragen
es gibt keine Sensation als sich noch zu lieben
komm, übertreiben wir uns
nachher essen wir im Bett große Kanten
und sagen uns die nackte Wahrheit

Verschrumpelte Blätter
im August schon alles prall voll Ebereschen
die Leute noch halbnackt
werden eiliger
ziehen die Flügel ein und den Blick
sehn sich um, die Leute, nach dem Winter im Rük-
ken
wie schade, nur ein viertel Jahr Wärme, neun
Monde kalt
ich sage Leute
so heiße ich doch aber nicht

Glückstag

Zärtlichkeit
ein Frühstück
Notizen, Gespräch
jemanden treffen, den man einmal geliebt hat und
er sieht einen an so, daß es gleich wieder losgehn
könnte, aber
Glückstag
es geht nicht wieder los
Junilicht, die Schwalben baun
im 25. Stock, zum ersten Mal
wir helfen ihnen mit Holz, bohrn
Löcher in den Beton
sie nehmen es an, sie nehmen es an
Glückstag
das erste Weihnachtsgeschenk ausdenken
eine Frau sagt, du hast mir geholfen
eine Frau sagt, du mußt mir helfen
der Spiegel lügt und ich glaube es
Glückstag
du bist hier und hilfst mir
Frieden, den ganzen Tag Frieden

Ich schlief den Rest
der Nacht
wie jemand schläft
der sich auf einen anderen
verläßt
schlief, als wär ich nicht
in meiner Seele wund
als wär ich nicht bei aller Leichtigkeit
nah am zugrund
ich schlief und lauschte doch
ob mich nicht jemand rief
bis deine Hand
mir diese Unrast nahm
da schwieg der lästige Verstand
daß ich zur Ruhe kam

Wenn wir uns wieder begegnen
in einem Lokal, das soll nach Essen duften
Kaffee und Hefekuchen
und die Leute sollen an den Tischen sitzen
um einen schönen Augenblick zu haben
da werde ich lächeln für dich und alles begütigen
es gibt nichts zu verzeihn
was gewesen ist, war Liebe und alles war Leben
getan haben wir eher des Guten zuviel
warum sollte ich nicht anstaunen
daß wir überlebt haben alles, was sonst Menschen trennt
ich habe dich geliebt
jede Zeit der Nichtliebe durchschnitt nur
was störfrei durch die Adern strömen muß
ich habe dich gesucht, wo ich ging
jedes Lob für dich war meiner Seele zugedacht
ich habe um dich geweint
jetzt auf dich zugehn ist leicht
es gibt nichts zu verzeihn

Lach nur, mein Leben
schüttle dein Haupt
ich bin nicht abzuhalten
ich hab dir Verzweiflung nie wirklich geglaubt
es gibt andre Gewalten

Lach nur, mein Leben
es geht noch mal los
die Karten noch einmal mischen
das Herz freut sich noch einmal grenzenlos
Lehren, kommt mir nicht dazwischen

Lach nur, mein Leben
wir sind noch dabei
die Trauer ist gewesen
die Adern sind weit, von Staub wieder frei
ich bin mir noch einmal genesen

Wie grossartig unsere Gesten
kleinweis in der Austragung
du oder ich sagten Worte, die keiner zurückneh-
men kann
du oder ich suchten Geschenke zur Versöhnung im
Lavagestein
du und ich standen vor einem fremden Menschen
sagten, Herr Rat, an mir hat es nicht gelegen
er, der nichts wußte, gähnte verstohlen
und tat uns auseinander
du und ich rissen die Bücher in der Mitte durch
zerschnitten die Laken und warfen eine Vase an
die Wand
so hatte sie keiner und wir warens zufrieden
du oder ich konnten nicht schwimmen aber der an-
dre
legte zu und sah sich nicht um
du und ich hatten nichts voneinander gelernt
wir hätten uns wieder begegnen können
neu den eigenen Namen nennen
klagen über die Leiden durch einen Unbekannten,
eine Fremde
uns gegenseitig trösten
dem andern wieder zur Verfügung stehn
der Blitz, der uns erschlagen könnte, wäre
besonnener als wir

Warum wirst du mir zur Feindin,
Freundin Nacht
ich hab dich verwacht
in dir das erste Lied ausgedacht
vorausgeplant, verdrängt, verwunden
in dir hielt ich das Kind
du machtest mich ruhig, Freundin Nacht
wenn die Lärmwelle schwieg für paar Stunden
im Dunkeln darf man einfach sein wie ein Tier
es war nicht immer sehr lustig, aber jedenfalls
hab ich mich noch nie so gedreht auf dem Kissen
du schönerer Teil der Umdrehung des Balls
plagst mich mit beängstigendem Wissen
was ich da in dir zusammentrag
macht mich sehnsüchtig nach dem nüchternen Tag

Ich weise zurück
die erstickende Umarmung
Vertraulichkeit, die mich trifft wie ein Schneeball
warte, gib mir einen Augenblick
nähere dich langsam
ich hab kein Wort jetzt, such Antwort, sing selber

Sesam schliesse dich

die Zeit des Staunens über Schätze ist vorbei
wenn ich mich einschmuggle
ein letztes Mal
ohne mich glücklich zu fühlen
welch eine Qual
was nützt es, mit den Händen
in Smaragd, Perl, Achaten zu wühlen
ohne arglosen Hals, rosige Ohrn
auf mutlosen Händen sind Ringe verlorn
ich kannte das Losungswort
gehe fort, ohne Tränen zu vergießen
Sesam, es wird Zeit, zu schließen

LIEBE, SCHÖNES ALL
Tod und Sein
verwandt
süßer Fall
als samtweicher Stein
auf wandernden Sand

Du bist die Spitze des Eisbergs
auf den ich zuhalte
immer wieder
ich besinge das sichtbare Potential
auf Reichweite zu halten
bei geschicktem Vorgehn
immer treibt mich der falsche Ehrgeiz zu Voll-
dampf
und Havarie
oder bist Du jenes angreifbare schwimmende
Lebendige
und ich ruhe unsichtbar gefährlich
sichtbar nur als Stück anschaulicher Natur
und stelle dir das eisige zerstörerische Bein

VERBRÜCHLICH GEHEN WIR UMHER
die Einsamsbereitschaft wächst
Freudschaftsbekundungen häufen sich
schöner die potjemkinschen Dörfer und die Gemeinheiten
das Gleichgewicht unsres gegenseitigen Erschrekkens
ist kein Verhandlungsgegenstand
aus den Worthülsen wächst ein Berg
wer soll sich da durchfressen
vermachen wir unsre Seele an alle zur Auswertung
Attrappe oder Etappe
trinken wir einen zuviel, stoßen wir an
unsere eigenen Beschränktheiten
der süße Brei des Anfangs läuft im Wunschfilmprogramm
dem Mensch ist nichts so eigen so wohl steht ihm nichts an
als anderen zu zeigen
warum es nicht gehen kann
wir haben uns einen steinigen Boden gemacht
der verheißt Arbeit
Ordnung allein ist nicht das halbe Leben

Zeigt ihn mir ausreichend
er soll wieder eine Rollbahn küssen
mögen huldreich den Handrücken Lippen berühren
ich seh ihn an, Dorfjunge auf Erden
und bewahr mir die Ehrfurcht vor dem Gekreuzigten
von dem ich annehme, daß er gelebt hat
und etwas wollte, das in seine Zeit nicht paßte
das zu einfach war
und einleuchtete dem geringen Mann, der auf einmal
seine Lumpen nicht mehr verachtete, sondern begriff
einleuchtete den Aufgeweckten, die in seinen Worten
heilsamen Sinn sahn statt heillosem Aufstachel
meine Liebe zu seiner Mutter, die gebar wie jedes Weib
ein Kind, das dem Leib und dem Leben entgleitet
das alles hat damit nichts zu tun
Was er sagt, der Heutige, ist weltenweit begünstigend
alle, die in der Gunst des Widerscheins von
gesiegelten Münzen stehn
er rät den Weibern zu den Wundern ihres Bauches
den Männern rät er, sich zurück- statt aufzulehnen
und sanft ermahnt er die Mächtigen
es nicht gar so auffällig zu treiben
neuerdings sprengselt er Vokabeln ein
die hat er Zielen entlehnt
die eine Mehrheit eint
mit gefalteten Händen und Einfalt
werden wir sie nicht erreichen
davon auch schließt er sich selber aus
es geht ohne ihn
mit ihm ginge es leichter

wenn er wenigstens zuhause bliebe
statt schlau, plänereich zu jetten
nachschlagend im alten Buch seh ich
DAS WORT so nicht gemeint, das am Anfang war

Seltsamer Gesang

Erinnerung an Freundlichkeit
erwiesen doch
wohl auch empfangen
wie fraglich ist dies alles lang nachher
erinnerbar durch seltsamen Gesang
macht zärtlich doch, daran zu glauben
daß Zärtlichkeit uns möglich war
Passion und nicht nur
Leidensweg, an den Gesang in Moll erinnern will
oder spielt er hoch und die suchende Seele
nimmt das erstbeste her und glaubt daran

WENN IHR EUCH TREFFT UND ERKENNT
eure Verzückung müßt ihr erst einmal rausschrein
erstmal die Freunde verpflichten
sich alles anzuhörn, die Herrlichkeit
wie einzigartig, ihr habt euch
rennt nicht weg, Freunde, wenn es euch betrifft
das Wunder, dann braucht auch ihr das weiche Ohr
sagt, gegönnt sei es euch und denkt, warum nicht
ich
Erstmal müßt ihr die Gleichheit überleben
die kein Wunder ist, sondern Aufgerissensein
wohin du versinkst, dorthin wollte ich fallen seit eh
wo dir die Sinne übergehn, war ich verarmt ohne
eben dies
du denkst wie ich, beißt ab vom Brot, das ich einzig
schmecke
die Berge, ich hab es nur nicht gewußt, sind meine
Natur
Sonnenuntergänge, wirklich, man kann sie nur
schweigend
über sich ergehn lassen, dem zu oft Gerühmten
entzieht sich die Lust
erstmal leben lernen mit dieser Trauer, schon der
Tisch schafft eine Kluft
dich nicht zu berührn, unter dem Vorwand Salz
oder Sahne
macht, daß die Berührung, endlich, nicht ausreicht
dem Hunger
von Haut und Seele, die ist dürstend einen langen
Weg getrabt
hin zu dir, ich weine es in deine Handflächen,
glaub mir
nie habe ich so gefühlt und fühlen gemacht
es ist die Wahrheit, was immer ich sagte vor dir, es
war halbwahr
und wahr ist auch, ich war stumm vor dir

niemand hat mich berührt, ich aß nicht und lebte
dennoch, schlecht genug
von der Luft und der Erwartung, du bist und ich
werde dich finden
Den Fall meiner ersten Nacht würde ich gern vergessen
aber auch wenn ich deinen Tod auf mich nähme
ich kann nicht erzwingen, daß etwas nicht gewesen
ist
lehr mich nicht zu lügen, laß mich gelebt haben
denn beide Wahrheiten bringe ich mit
ich habe gegessen mit Genuß, getanzt mit geschlossenen Augen
es wäre möglich gewesen, ich lieg in einem Bett
und daß die Ranken sich schließen
daß alle Worte gesagt sind
und ich sie dennoch ausspreche, die Erfrischten,
erstmals
Ich kann nicht ungewesen sein
Soweit, wenn ihr da seid, das könnte gehn

Die Hand lag geschlossen
der Arm ein langer Weg zur Schulter
abgewandt
der Hals so verletzbar und nicht zu bewegen
drüber das Eigentliche, dein Mund
meine deine Stirn, die Gedanken darin
dein mein Unglück gegen mich
nicht überwindbar der Weg zur Hand
verschlossnes Haus, zu öffnen nur
mit bescheidenen Tränen
die hab ich jetzt nicht

Gewollt hab ich alles
gewußt so wenig
gefühlt zu viel
gedacht kaum je bis zu Ende
wenn ich unterlag, erhob ich mich
wie ein Boxer
wie aber kam ich dorthin
in solche Lage, daß ich anzuzählen war
immer wieder
mein Leben am Ende wird gewesen sein
kaum ein Augenblick der Ruhe
den ich hatte, den ich gab
das ist zu wenig

HEUTE NAHM ICH DEN HÖRER AB
meine stimme fragte
ob ich bei mir bin
schon lange nicht
ich habe mich aus der hand gegeben
bin bei der sängerin und lasse sie singen
beim staatsrat und lasse mir raten
bin bei einem kind und lerne
zu tisch und säge dem die grüne platte ab
im wald, da soll es rauschen
gut gegen zuviel nüchternheit
geklettert bin ich und gelandet im schuldturm der gefühle
komme von all den hügeln, die ich für berge hielt
von all den bergen, die ich unterschätzte
von all den graden wegen, denen ich glaubte
von all den wegen, die ich krummgebogen habe
auf dem turm, atmend lauschend
mich erfrischend
erwarte ich etwas von mir
eine art zärtlichkeit für mich
ungewohnt

das unvergleichliche Aroma der Himmelschlüsselchen
wolkenlos Azur und eine umarmende Stille
die in den Ohren dröhnt
wenn die Insekten auf dem Anflug landend warnen
so weite Fläche, die Blicke haben Auslauf
bis zu den Hügelketten der Wälder
ich spreche die Sprache, ich gehöre dazu
der Apfelstrudelduft wird mir bleiben
und niemals werd ich ihn zustandebringen
ich wußte nicht, daß ich Unverlierbares aufnahm
und Heimweh, ewig ungestillt
nach dem Katzlberg, dem Watzmann
den knarrenden Stufen der Schule, in der ich
einmal im Leben unterfordert war
Eisenbahngleise, Zugpfiffe, nachts weit fort
fort fort mit allem, was sich trennen konnte
Aber die eisigen Bäche
Semmeläpfel, Ribisln, Kirchweih
und meine erste Liebe
die ich wiedersah nach einunddreißig Jahren
wir hatten Tränen in den Augen
karger Abschied, wir würden uns nie wiedersehn
daß ich da leichten Herzens ging
danke ich dir, mit dem ich nachhause wollte

Ich wollte nicht
auf den Stuhl mit dem seidenen Kissen
sitzt man zu weich und will nichts mehr wissen
stell ich mitten auf den viereckigen Tisch
eine große Schüssel mit heißer Milch
teile Messer aus, Löffel, das Brot soll jeder brocken
und mit dem Löffel eintunken in die Mahlzeit für
alle
ich weiß, das ist eine Falle
es wird mir gut gehn dabei, oder ich mach mich
beschämt auf die Socken
setz mich auf den Stuhl mit dem seidenen Kissen
wenn es so ist, dann will ich es auch wissen

Es gibt Magnolienbäume
vor dem Sitzungssaal
blühende Linden
verheißungsvolles Kirschengezweig
Bäche, noch verschont
darin Streichelsteine für lange Beratung
gibst ihnen Wärme
birgst sie, wenn du dich nicht bergen kannst
Kastanien
unvergeßliche Erinnerung
aber du weißt nicht mehr, woran
es gibt noch mich
die sich erinnern kann
und manchmal will ich nichts sein
als ein Streichelstein

Was unterläuft uns so viel Unachtsamkeit
was unterlaufen wir sie nicht
solln wir denn zugrunde gehn an dem
was uns bis zum Hals steht
öffne den Mund, sage ich mir
schrei doch endlich alles, was du nicht willst
her mit der Angemessenheit statt totloben jeden
Tag
was erschrickst du so, als ginge es ums Leben
statt um ein bißchen Annehmlichkeit
freilich, wenn sie so wichtig geworden ist

Ich geb meiner Liebe nicht Namen wie Feuer
Gewalt ist genügend, die schlägt und verschlingt
aber ich leb nicht als Ungeheuer
das rasend befällt und Verderbnisse bringt

Ich lebe mit einem Zuviel an Bedenken
mein Ich ist ein Lammweib, geschorn, nicht ge-
schächt'
die blödeste Seele, ihr Drang zum Verschenken
da tun alle Leiden samt Träumen nur recht

Ich hab wenig Gründe, mich so zu betrachten
als wär ich besonders, man lerne von mir
wie großkotzig wir unsre Anfänge machten
die Wegzehrung langte vom Wolf bis zum Wir

So sind wir vorläufig, die ersten Entwürfe
ein bißchen noch Monster und Frauen zumal
noch siegend tut jede, als ob sie nicht dürfe
ein biegsamer Amboß dem Mannschwert aus Stahl

Morgen schreibe ich wegen Wohnung,
Stadtlärm, unfreundlichen Kellnern
zu langen Schlafzeiten im Kindergarten und wegen
insgesamt unglaublich
anwachsendem Papierberg lauter HIERMITbriefe

morgen mach ich mich her über Fehlerquellen, die
nicht objektiv, sondern
subjektiv gelagert sind, ich lege Ware auf den La-
dentisch, erzwinge
ein funktionierendes Bestellsystem und kontrol-
liere alle Stempel unter
unglaublichem Text an Ladentüren

morgen sage ich ab alle Beziehungsspiele dahater-
gesagtdahabichgesagt
was uns fuchst, läßt sich in wenigen Worten sa-
gen:
ich brause auf
er trinkt zuviel, er trägt mir zu viel vor, ich ihm zu
viel nach

morgen höre ich auf, es allen recht machen zu wol-
len
ich hasse die Sofaecke, in der ich die Feiertage lust-
los zubringe, weil
es sich so gehört, überfressen höre ich mir an, was
keiner mehr
hören will und seh doch beim endlichen Rausgehn
die Erleichterung
der andern, endlich geht die, und gemeint bin
ich
ich hasse es, unentwegt verbindlich zu sein, ohne
mich verbunden

zu fühlen, ich hasse es, zu lächeln, damit das Ganze nicht noch
schlimmer wird

Morgen, wer mich liebt, soll es tun an mir, so wie ich bin
einmal muß ich dieses Risiko eingehn, also morgen spiele ich
keine Seligkeit vor, die nicht stattgefunden hat
und lasse die Selbstmordblicke

morgen löse ich den Kasperlvorhang, den ich krampfhaft festgehalten
habe, und wenn ich dabei weine, dann ist es auch in Ordnung

morgen schraube ich die Schrotflinte der Wörter ab und lasse Freundlichkeit
ohne Argwohn zu, noch hab ich Platz für Narben, die vielleicht ausbleiben

morgen will ich mich lieben, um mich besorgt sein,
anfangen damit, auch mir selber zu gehören

morgen mache ich die Augen auf und sehe Sachverhalte unerklärlich
unerklärt und nehme das morgen nicht als historisch gegeben hin

ich werd nicht alles ändern
aber gar nichts, das wäre auch nicht wahr

Ich gehöre zu einer Risikogruppe

Mensch in der Stadt
meine nahen Wälder sind
noch
abgeschottet
verbergen Zutritt verboten meine
schreckliche Beschützung
der See, in den ich tauchen könnte
kühlt meine heißen Ängste nicht ab
durch keine Allianz versichert
gebar ich, die wieder gebar
nachts schlafe ich mit Hilfe der Chemie
über meinem Kopf ist nicht
eine beträumte
hohe weiße Wolke über einem untreu beendeten
Kuß
über mir ist
für so eine kleine Erde
ein vielleicht nicht unendlich
aber millionenfach ausreichender
Raum gegen mich

Eines Abends
werden wir uns treffen
an einem weithin leuchtenden Feuer
werden uns zuwinken, grüßen
greifen nach dem Fleisch, dem Fisch
und die Flasche geht reihum
vielleicht schlägt einer das Kreuz, sagt:
Wir hätten früher anfangen sollen
Vielleicht sagt einer: Beinahe hätten wir es nicht geschafft
Einer zeigt seine Narben
die schlimmsten Beulen, sagt er, hat die Seele
Einer hat eine Rede auf Papier, aber er wird sie nicht lesen
denn es sind der Lieder so viele von unterwegs
Wörter genug aus einander fremden Sprachen
Und Schweigen gibt es auch
An diesem Abend haben wir gelernt, zu trauern
Wir nennen uns Namen, die kennt jeder
und jedem tun sie weh
Fernher scheinen die Lichter der abendlich eiligen Stadt
die Leute richten sich her für die Liebe oder fürs Fernsehen
Aber wir haben es geschafft
Angeschlagen, erfahren, gealtert, haben wir es geschafft
TANZ DOCH MAL, sagen sie
Mir aber fällt ein, was noch auszutragen wäre
Bleibt bloß jetzt nicht stehn, sag ich
seh, die Jungen werfen sich Blicke zu
Die wieder, heißt das
Da vielleicht muß ich so lachen
Daß ich mich berausche am Klaren, erstmals
O Leute, das war knapp
Ich seh, daß sie mich sehn und nicht sehn

es kam nicht an auf mich und ohne mich wärs nicht
gegangen
Kampf, sagt einer, es war ein Kampf, wir haben alle
gekämpft
ungeachtet unsres Glaubens, unsrer Herkunft
ABER JETZT HABEN WIR AUCH DAS RECHT
ZU FEIERN
die Raketen sind weg
wir haben gewonnen
da wirds ja morgen ein ganz normaler scheiß-
schwieriger Tag

War Dämmern oder Helle in der Strasse
war Schweigen oder schrillte ich dich an
wer gab da Auskunft, wer gab wem die Maße
an denen man sich nachher messen kann

Woher wohin mit all dem Wollen und Sehnen
so lachend und mit Ahnung spätrer Tränen
woher wohin mit all den Lebenszeichen
die sich am Anfang gleichen

Woher wohin mit Narben und Gedanken
darin wir sicher sind und dennoch schwanken
woher wohin mit Arten von Erfahren
die sich am Anfang paaren

War Zartheit oder taten wir das Grobe
wer gab da wem ein Hoffen mehr voraus
die Emsigkeit, einander schön zum Lobe
die setzte Stein auf Stein für welches Haus

Woher wohin mit all den weisen Paten
woher wohin mit all den dummen Sprüchen
das Herz, versehrt von frühren Attentaten
hat Angst vor Eid und Brüchen

Ich selber und sonst niemand
das war nicht üblich, als ich Kind gewesen bin
so muß ich üben, denn ich will dort hin

Ich selber und sonst niemand
da weiß ich einen, der mich deshalb leicht verließ
das war ein Abschied, den ich heut genieß

Ich selber und sonst niemand
das hörn die Töchter und sie nehmen es als Spaß
wie solln sie glauben, was ich vorher nie besaß

Ich selber und sonst niemand
ich bin genügsam, aber beutet mich nicht aus
für Geld nicht und kein weinumranktes Haus

Ich selber und sonst niemand
komm aus der Hefe und kann dorthin auch zurück
das ist die Freiheit, jedenfalls ein Stück

Alles Runde, alles Weiche,
euch zu Warme hole ich mir wieder
wenn ich will, mach ich dem Sofakissen Hasen-
ohrn, weil es Kitsch ist
wenn ich will, bleib ich bei einem
obwohl es wieder modern ist und er
Anfälle von Größenwahn hat, manchmal feige ist
mir was verbieten möchte und es
gar nicht durchsetzen kann, wenn ich nicht mit-
spiele
wir haben gemeinsam doofe Träume
Wohin wir manchmal Hand in Hand gehn
wovor wir stehn mit Tränen in den Augen
darüber, bunte Rotznasen
heilig ist heilig
zu euch vorerst kein Wort

Ich glaubte,
daß meine Tränen geweint sind
in den Abschieden der Jugend
bei Ungerechtigkeiten, die ich zufügte
Ich glaubte, nun wär Zeit, zu denken, tränenlos,
klar
Aktion statt Verzweiflung
ich brauch nicht mehr, daß mir einer hilft
hab ich geglaubt und wurde unvorsichtig
Verlassenheit, das ist meine Schwäche nicht, noch
Situation
ich glaubte, nun kann ichs mit Worten
ich glaubte, daß meine Tränen geweint sind
die Wahrheit ist, ich hatte lange keinen Grund

GANZ HINTEN, WO DER ATEM AUFHÖRT
anhält, eh er umkehrt, so wie ein Bus
immer die gleiche Strecke, der Atem und der Bus
da sitzt eine Traurigkeit
nicht sehr groß, hockt da, oft unbemerkt
manchmal tut sie weh
daß dieses Leben so weggeht
mit jedem Herzton weniger wird
ich guck schon nicht auf die Uhr
wandernde Zeiger, diese relativierenden Kreaturn
will ich nicht, immer kriechend
oder fallbeil Sekunde
der Bus kriegt neue Reifen, wenn die ersten abgefahren sind
nichts an uns ist ersetzbar
du kannst das Herz verlieren und leidest am Phantomschmerz
dieses: was jetzt ist, kommt nie wieder
was war das für ein Tag, wie hätte er sein sollen
was wäre herauszuholen gewesen aus ihm
das sitzt ganz hinten, unter der Kehle
noch tiefer
eine Traurigkeit
grade weil die Fenster groß sind und klar
grade weil mein Bus kaum zweimal
dieselbe Strecke fährt
oder er fährt sie rückwärts oder auf zwei Rädern
irgendwas fällt uns immer ein
nein, er fährt sie nicht rückwärts, dieselbe Strecke
mach dir nichts vor
das geht nicht
bißchen traurig ist das schon

Gute Nacht
ihr zärtlichen Mädchen
mit den glücklich trunkenen oder tränenversunke-
nen Blicken
die Nacht erweckt Bilder
und wird euch
neue hoffnungsvolle Botschaften schicken
Morgen ist auch noch ein Tag
Gute Nacht

Gute Nacht
behutsame Frauen
ihr lebendiges Erwidern auf die allzu bedrängen-
den Nöte
verletzbare Wesen
mit Namen
gemacht aus Dämmern und aus heiler Morgenröte

Gute Nacht
ihr friedlichen Männer
all ihr herzgenesenen, die sich kaum noch um die
Erstgeburt raufen
mit heilenden Genen
und willens
Liebe und Lust oder Macht nicht mehr zu kaufen
Morgen ist auch noch ein Tag
Gute Nacht

Gute Nacht
schlaft tief, warm und lange
all ihr kühnen Lokführer, ihr sensiblen verspielten
Giganten
im Schlaf könnt ihr wachsen
ins Leben

mit seinen Rosenhecken, Ecken und Kanten
Morgen ist auch noch ein Tag
Gute Nacht

Gute Nacht
ihr traurigen Leute
die verdammt alleine sind und es scheint sonst nur Paare zu geben
ein Sonntag ein Sandmeer
die Hoffnung
muß da fürs Herz was tun und hälts vorerst am Leben

Gute Nacht und Salud
ihr unbekannten nah verwandten Seelen
überleben wir erst mal bis morgen früh
und möge morgen keiner von uns fehlen

Inhaltsverzeichnis